L'Artémise à Taïti

LOUIS REYBAUD

Revue des Deux Mondes T.23, 1840

TABLE DES MATIERES

JOURNAL INÉDIT D'UN OFFICIER DE
L'EXPÉDITION – POLYNESIAN RESEARCHES
NOTES

JOURNAL INÉDIT D'UN OFFICIER DE L'EXPÉDITION – POLYNESIAN RESEARCHES

Depuis long-temps notre commerce avait sujet de se plaindre du rôle auquel le condamnait, dans les archipels de l'Océanie, la prépondérance jalouse de l'Angleterre et de l'Amérique du Nord. Suzeraines des mers du Sud, ces deux puissances semblaient avoir adopté, vis-à-vis des tiers, un système d'exclusion brutale ou d'éviction souterraine, et aucun établissement stable n'avait pu se fonder à côté des leurs, ni dans un intérêt religieux, ni dans un intérêt maritime. Nos armateurs, jouets de procédés odieux, avaient subi de nombreux mécomptes sur les marchés polynésiens, et les missionnaires catholiques, attirés par l'espoir d'une moisson spirituelle, s'y étaient vus, à diverses reprises, en butte à des persécutions ombrageuses et à des déportations violentes.

Cette situation, si elle eût été impunément soufferte, aurait fait à notre pavillon un tort dont il se serait difficilement relevé aux yeux des naturels. Une démonstration imposante devenait d'autant plus nécessaire, que les évangélistes luthériens avaient eu soin d'inspirer à ces sauvages une idée peu avantageuse des forces et de la grandeur de la France. C'était, suivant eux, une puissance de second ordre, incapable d'intervenir dans des affaires lointaines et disposant à peine de quelques corvettes de guerre. Il importait de dissiper ces illusions, de venger ce discrédit moral, de faire acte de présence, de rétablir l'autorité de notre pavillon. L'expédition de deux frégates fut résolue. Opérant en sens opposé, elles devaient, chacune de son côté, traverser l'Océanie, jeter l'ancre dans ses principaux archipels, prêter main-forte aux résidens français et aux missionnaires catholiques. L'une de ces frégates étaitla Vénus, placée sous les ordres du capitaine Dupetit-

Thouars ; l'autre étaitl'Artémise, que commandait le capitaine Laplace. L'itinéraire de la première devait la conduire dans les mers du Sud par le cap Horn ; la seconde, doublant le cap de Bonne-Espérance, avait pour mission de parcourir les échelles de la Chine et de l'Inde, puis d'accomplir son tour du monde à la suite de stations intermédiaires dans les divers groupes de la Polynésie. C'est l'Artémise que nous allons suivre, en choisissant l'un des épisodes les plus intéressans de sa longue campagne.

Partie de Toulon en janvier 1837, l'Artémise arriva dans l'Inde vers la fin de juillet, après avoir successivement mouillé à Table-Bay, à Bourbon, à Maurice et, aux Séchelles. Dans le cours des deux années 1837 et 1838, elle promena le pavillon français dans les mers asiatiques, se montra dans le Gange, ou elle ne paraît pas avoir atteint de résultats bien décisifs, poussa une reconnaissance plus fructueuse sur la côte ouest de Sumatra, visita Colombo dans l'île de Ceylan, Cochin, Calicut, Mahé, Goa, Bombay, sur la côte de Malabar, Diù et Maskat dans le golfe d'Oman, puis se rendit à Moka dans la mer Rouge. L'Artémise se trouvait dans ces parages quand l'Angleterre sut négocier, à prix d'argent, la cession d'Aden, et il ne semble pas que M. Laplace ait compris toutes les conséquences de ce fait, accompli presque sous ses yeux. La présence d'une frégate française pouvait ébranler les résolutions du chef arabe qui vendit aux Anglais cette clé du golfe arabique. On n'essaya rien dans ce but l'Artémise quitta Moka et passa devant Aden sans se préoccuper de ces négociations mystérieuses. Quelques relâches dans les ports de la presqu'île indienne et une croisière peu significative dans la mer de Chine complètent cette partie du voyage et conduisent l'Artémise à Hobart-Town et à Sydney. C'est de ce dernier port qu'elle se dirigea vers les îles polynésiennes.

Dès les premiers jours qui suivirent le départ, de fâcheux évènemens marquèrent la traversée. Un canot fut emporté par les lames ; un matelot, tombé à la mer du bout d'une vergue, se noya sous les yeux de l'équipage, malgré les secours des embarcations. Cependant, après une suite de temps orageux, on découvrit, le 19 avril, Toubouaï, île de corail, comme on en rencontre tant dans l'Océanie. Une ceinture de récifs et une couronne de cocotiers révélèrent cette côte, sur laquelle les vagues brisaient sourdement leurs nappes d'écume. Le jour tombait, et le soleil versait dans les ravins, chargés de masses de verdure, les flots d'une lumière horizontale. On longea rapidement le rivage, et quarante-huit heures après, Taïti se dessina comme une apparition confuse au milieu des ombres de la nuit. A l'aube, la gracieuse fille de la mer déroulait devant la frégate les paysages enchanteurs qui avaient fait l'admiration de Wallis et de Bougainville. Le ciel était chargé de brumes, l'île en était couronnée ; on ne pouvait distinguer que par échappées les accidens du terrain. Ça et là des bouquets d'arbres à pain, d'hibiscus et d'aleurithes sortaient des anfractuosités du roc et attestaient la fécondité de ce sol volcanique. Cette végétation conservait partout un air de jeunesse et de vigueur, des teintes chaudes, un éclat métallique, un luxe sauvage. Bizarrement tourmentée, l'île entière offrait ces aspects convulsifs qu'affectent toutes les formations de lave, ce désordre particulier aux terres nées de feux sous-marins. Tantôt ses mornes s'abaissaient vers la grève par de molles ondulations, tantôt ils se découpaient en vives arêtes ou en falaises verticales.

L'Artémise touchait au port : elle avait laissé loin d'elle la presqu'île de Taïarabou, sorte d'annexe méridionale de Taïti ; elle avait côtoyé toute la partie nord-est de la grande île, pleine de sites délicieux ; elle allait doubler la pointe de Vénus, sur laquelle Cook avait jadis établi son observatoire, quand un roulement sourd se fit entendre dans les flancs de la frégate. Il n'y avait pas à s'y tromper, elle heurtait un bas-fond, elle talonnait. Tout l'équipage écouta, glacé d'effroi. Un instant, on put croire que le bâtiment en serait quitte pour effleurer les pointes tranchantes des madrépores ; mais une horrible secousse fit évanouir cette illusion. Le pont bondit sous les pieds ; l'Artémise s'arrêta comme clouée au rocher. Elle venait d'échouer sur un banc de corail, que les cartes ne signalent pas, et qu'un changement dans la couleur des eaux aurait pu seul trahir. Ce fut un moment affreux ; la frégate s'agitait déjà sur son lit de douleurs, elle se tordait dans les convulsions de l'agonie. Les sabords avaient été fermés ; la mâture, chargée de voiles, fouettait l'air, s'arquait à vue d'œil, et menaçait de couvrir le pont de ses débris. Dans un fort coup de talon, le bâtiment s'inclina même comme pour ne plus se relever, et, sembla se rendre à merci.

Qu'on juge des angoisses de l'équipage ! Voir périr aussi misérablement un noble vaisseau, assister au spectacle de son anéantissement, entendre ses craquemens lugubres et le jeu des eaux dans ses flancs entr'ouverts ; que de douleurs dans le présent, que d'incertitudes dans l'avenir ! Pour un marin, le navire est tout : il est la patrie, la maison, la famille. Depuis trois ans, l'Artémise promenait autour du globe cette colonie nomade. Son pont, ses gaillards, ses batteries, étaient encore la France ; sa force était la force de tous, son pavillon le palladium commun. Aussi, n'était-il personne à bord dont la vie ne fût pour ainsi dire suspendue à celle de l'Artémise. Elle périssant, quel sort attendait l'équipage ? quel accueil rencontrerait-on sur ces îlots perdus au sein du grand Océan ? quels secours y trouverait-on, quels moyens de retour ? Ces pensées rapides remuèrent tous les cœurs, et se peignirent sur tous les visages : il n'y eut plus qu'un sentiment parmi ces quatre cents hommes, celui du danger de la frégate.

Une seule chose pouvait la sauver. Si le rocher sur lequel elle était alors enchaînée, formait l'extrémité du banc, on pouvait espérer qu'une grande surface de voiles la ferait glisser sur les coraux, et la rejetterait dans des eaux plus profondes. On sonda, la sonde rapportait de dix-neuf à vingt pieds ; la proue du navire flottait en partie, et cherchait à entraîner l'arrière, fortement engagé. L'équipage suivait avec une consternation muette les incidens de cette lutte, où l'Artémise semblait puiser de la force dans ses douleurs et de l'énergie dans ses blessures. Le gouvernail, broyé dans sa partie inférieure, flotta bientôt après avoir brisé ses énormes gonds de cuivre. Le moment critique était venu ; quelques pieds de rochers de plus, et c'en était fait du vaillant navire. Quelle attente ! quel triste moment ! Un coup de talon ébranle la dunette, fait crier les mâts : on peut craindre que la coque ne s'entr'ouvre et ne sombre. Mais non ! la quille a cédé, ses débris montent à la surface de l'Océan ; la frégate a payé sa dette au récif. Lancée sur un plan rapide, elle divise de nouveau les ondes, redresse son corps gracieux, et s'éloigne du lieu fatal de toute la vitesse de sa voilure.

Les cœurs s'épanouirent, le premier danger avait cessé. L'Artémise s'était dégagée des étreintes de l'écueil ; mais ce passage sur des coraux aigus l'avait profondément atteinte. Le gouvernail était désemparé, et une énorme voie d'eau accusait de graves avaries dans les œuvres vives. Le péril n'avait fait que changer de nature ; on pourvut au plus pressé ; on restaura le gouvernail, on courut aux pompes. La frégate faisait de sept à huit pieds d'eau à l'heure ; cent hommes, se succédant sans relâche, suffisaient à peine pour les étancher. Au milieu de ces opérations, la nuit était survenue, et il fallait prendre un parti. Devait-on tenir la mer, ou gagner la baie de Matavaï, qui n'était plus qu'à quelques lieues de distance ? Le commandant assembla le conseil, qui fut unanime. On résolut de passer la nuit dehors et de n'attérir que le lendemain. Dans l'état où se trouvait la frégate, une navigation pareille, sur des parages peu fréquentés, pouvait avoir une triste issue. Le hasard envoya du secours à l'Artémise : un navire baleinier, trompé par le pavillon tricolore, qu'il prenait pour un signal de reconnaissance, vint ranger la frégate vers le soir, et s'aboucher avec elle. Il se nommait le Champion de Dogaston, et faisait route pour l'un des ports de Taïti. On lui demanda de servir d'escorte et de pilote au navire français ; il accepta. Des fanaux allumés furent, sur les deux bords, hissés au haut des mâts, et les bâtimens naviguèrent dès-lors de conserve.

La nuit était affreuse. La pluie inondait le pont, le vent sifflait, la mer était courte et dure. L'Artémise, obligée d'obéir aux manœuvres de son guide, tenait sur pied une bonne partie de son monde, tandis que le reste, nu jusqu'à la ceinture, remuait les puissans leviers d'énormes pompes à piston. Le bruit des brinqueballes, les cris des travailleurs, la chaleur suffocante qui régnait dans la batterie, ne permirent pas à l'équipage de fermer l'œil ; le danger suffisait d'ailleurs pour l'exciter à demeurer debout. L'eau gagnait d'une manière sensible, et si l'une des deux grandes pompes se fût trouvée hors de service seulement pour une heure, l'Artémise était perdue ; la mer l'engloutissait immanquablement. Enfin, le jour venu, la situation s'améliora ; le baleinier avait reconnu la terre, et il forçait de voiles pour l'atteindre. La frégate l'imitait, et se maintenait dans son sillage. Les accidens de la côte taïtienne devenaient visibles de nouveau ; on apercevait des mamelons boisés, des vallées pleines de fraîcheur et d'ombre, des cascades qui traçaient leur sillon d'argent sur la verdure des ravins. Pour un bâtiment en détresse, la rade foraine de Mataväi n'était plus assez sûre ; l'Artémise ne fit que passer devant ce mouillage et cingla vers Pape-Iti, le seul havre de cette côte auquel on pût se confier.

La formation du havre de Pape-Iti appartient au grand travail madréporique dont l'Océanie offre des échantillons si curieux. Les lithophites, ces rochers vivans, ces architectes sous-marins, ont élevé sur ce point, comme en beaucoup d'autres, des barrières de corail qui défendent contre la vague un bassin profond et tranquille. Aucun ouvrage humain n'égalerait en sûreté et en solidité ces digues naturelles ; leur seul inconvénient est de rendre les abords du havre difficiles et dangereux. A peine la ligne du récif de Pape-Iti ouvre-t-elle sur deux points passage à des navires d'un fort tonnage. L'une de ces issues est directe, elle se trouve au milieu même de la chaîne de coraux qui forme le port ; mais, étroite et dangereuse, elle est en outre le siège d'un courant violent qui devient fatal aux navires surpris par le calme. L'autre issue, indirecte et plus longue, débouche dans la rade de Tanoa et se prolonge, pendant un mille et demi environ, entre la terre et la ligne des brisans. Ce fut dans ce canal naturel que dut s'engager l'Artémise après avoir reconnu l'impossibilité d'aborder la passe extérieure. Entre deux périls elle choisit le moindre.

Cependant, dès le matin, la frégate avait été secourue. A la vue d'un navire de guerre portant pavillon en berne, l'agent consulaire français, M. Moërenhout, était accouru à bord avec un Taïtien nommé James, pilote juré de Pape-Iti. Pauvre James ! habitué à manœuvrer de petits bricks baleiniers, il paraissait fort soucieux à la vue d'un bâtiment de guerre de 52 canons, et ne cachait pas ses craintes sur le sort qui l'attendait dans le canal de Tanoa. Fort heureusement un marin anglais, M. Abrill, avait aussi accompagné M. Moërenhout. Croiseur familier de ces parages, ce digne capitaine alliait au coup d'œil le plus sûr l'intrépidité la plus rare. Il se mit à la discrétion du capitaine Laplace avec un désintéressement qui égalait sa modestie, et si l'Artémise se tira sans encombres des passes dangereuses de Tanoa, ce fut au capitaine Abrill, à son habileté, à sa prudence, à sa résolution, qu'elle en fut redevable. Jamais plus habile marin ne posa les pieds sur les planches d'une frégate. Dès que le capitaine anglais eut pris en mains le pouvoir, le pauvre James sentit qu'il devait s'effacer, et il le fit de fort bonne grace. Pourtant, en sa qualité de pilote responsable, il se crut en droit de s'effrayer quand l'Artémise rasa le récif de son élégante étrave, et lorsqu'à l'abri de la terre, la brise manqua tout à coup. Les voiles battaient le mât, et si l'élan antérieur n'avait pas soutenu la frégate, elle serait tombée de nouveau sur les arêtes du rocher. Mais le capitaine Abrill ne s'alarma point : il fit prendre la remorque à treize embarcations, et, dans un moment où l'Artémise semblait de nouveau arrêtée dans sa marche, enclouée et immobile, il agita en l'air son chapeau de paille en poussant trois hourrahs ! Les matelots des embarcations répétèrent le cri d'alarme, et, se courbant sur les avirons, ils entraînèrent la masse flottante aux acclamations des naturels rassemblés sur le rivage. Il était temps ; de droite et de gauche, et presque à toucher le navire, des lames furieuses déferlaient sur le récif.

L'Artémise mouilla ce soir-là dans le canal intérieur, sur des eaux tranquilles et à portée de pistolet d'une côte enchanteresse. Des pirogues chargées de fruits sillonnaient ce bassin, et venaient opérer quelques échanges le long du bord. Les hommes qui les montaient étaient d'une belle taille et bien conformés. Chez ceux que défiguraient des haillons européens, l'aspect extérieur n'avait rien d'avenant ; mais les autres, couverts d'un simple pagne, se faisaient remarquer par des formes athlétiques, ornées d'un élégant tatouage. Plusieurs jeunes gens portaient des couronnes de fleurs ou de feuillage posées avec une certaine coquetterie. Quoique peu réguliers, leurs traits avaient une expression de douceur et de gaieté qui n'était pas sans charmes. Chez tous ou presque tous, les cheveux étaient rasés sur le sommet et le derrière de la tête, de manière à ne laisser d'intact que la partie destinée à encadrer le visage. Les premiers rapports que l'on eut avec ces indigènes furent pleins d'effusion, d'intimité et de bienveillance. Quelques femmes, venues dans les pirogues, auraient même désiré pousser les choses plus loin, et les pères, les frères, les maris, offraient aux matelots les services de ces belles, à l'aide d'une pantomime fort significative. Mais l'Artémise n'étant point encore hors de danger, le commandant interdit de la manière la plus formelle toute communication de ce genre. Aucune femme ne fut admise à bord, et celles qui avaient essayé de violer la consigne furent impitoyablement chassées. C'était une privation légère les pirogues ne portaient guère que le rebut du sexe taïtien.

L'horrible travail des pompes durait toujours et tenait sur pied un équipage accablé de fatigue. Quand on put croire la frégate hors de péril, ce service devint plus rebutant encore, et à diverses reprises des symptômes d'insubordination firent sentir la nécessité d'appeler le concours des bras indigènes. A la moindre interruption dans le travail, l'eau gagnait de nouveau du terrain, et réveillait les inquiétudes passées. De toutes les manières, il fallait donc gagner le port de Pape-Iti. Le capitaine Abrill avait sondé le chenal : il le déclarait praticable pour la frégate. On leva l'ancre, les embarcations prirent la remorque, quelques voiles furent déployées, et après deux heures de marche, dans lesquelles l'Artémise, dirigée par le capitaine anglais, fit des prodiges d'évolution, on mouilla devant Pape-Iti, à une ou deux encablures du rivage. Rien de plus calme, de plus gracieux que ce bassin, gardé contre les fureurs de l'Océan par son rempart de madrépores. Arrondi en demi-cercle et terminé par deux langues de terre que couronnent des cocotiers, il offre toutes les conditions d'ancrage et de sûreté désirables. La perspective y est charmante. Une place couverte d'arbres et une rivière coulant sous des voûtes de verdure reposent agréablement le regard. La partie orientale de la plage est celle que les Européens semblent avoir préférée : on y distingue leurs petites maisons, composées d'un simple rez-de-chaussée et construites en claies recouvertes d'une couche de chaux. De légères verandas en feuilles de vacois leur servent de kiosques, ouverts à la brise du large. Un peu plus à l'ouest s'élèvent la belle maison des missionnaires et les deux églises protestantes, l'une destinée à la population indigène, l'autre à la colonie européenne

Toute la bande de terrain qui se développe entre la mer et les mornes boisés de l'intérieur, étale la végétation la plus riche. Un air embaumé circule dans ces vergers de bananiers, d'orangers, de citronniers, de goyaviers, couverts de fleurs ou chargés de fruits. Le pandanus odoratissimus, lebroussonetiaa papyrifera, le calophyllum, diverses espèces d'aleurithes, l'artocarpus incisus, l'hibiscus tiliaceus, le tesmesia populnea, le cephalantuset plusieurs autres arbustes couvrent la zône plus reculée dans laquelle s'abritent les cases des naturels, humbles réduits recouverts d'une toiture de feuilles de palmier. Le mobilier de ces habitations est d'une simplicité extrême. Sur le sol légèrement exhaussé gisent plusieurs couches d'une herbe fine plus moelleuse qu'un tapis. On y ajoute des nattes souples et fraîches, et la famille s'y étend le soir pêle-mêle pour dormir. De là sans doute cette vie de licencieuse promiscuité contre laquelle ont échoué jusqu'ici les rigueurs des missionnaires. Quelques ustensiles de cuisine, des caisses, des malles et des pièces de tapa, étoffe blanche tirée d'un arbre particulier au pays, voilà de quoi se compose le reste de l'ameublement. Chaque case a en outre son petit enclos, qu'une barrière informe défend contre les dévastations des cochons domestiques, trop abondans pour être surveillés.

A peine l'Artémise se trouva-t-elle mouillée dans ce havre sauveur, qu'on s'occupa des moyens de réparer ses avaries. La frégate était trop profondément atteinte pour qu'un désarmement complet ne fût pas nécessaire. On y avisa : les maisons qui bordaient la rivière furent louées pour cet usage. On palissada une vaste enceinte qui devait servir d'entrepôt et d'arsenal. Cent vingt Taïtiens, engagés pour le service des pompes, épargnèrent désormais à l'équipage ce travail pénible et ingrat. Les matelots n'eurent plus qu'à dégréer et à alléger le navire. La poudre fut déposée sur la petite île de Motou-Ta, résidence favorite du célèbre Pomaré ; les canons, saisis par d'énormes poulies, roulèrent à terre sur des chantiers préparés pour les recevoir ; les boulets, lancés par des conduits en bois, se rangèrent sur la plage en pyramides ; le gouvernail, les hauts mâts, toute cette forêt de vergues et ce réseau de cordages disparurent peu à peu sous des mains actives, etl'Artémise, si coquette naguère, vit tomber un à un tous les atours de sa toilette maritime.

Pour étancher la voie d'eau, on essaya d'abord les moyens les plus simples. Des plongeurs de perles, venus des îles Pomotou, tentèrent à diverses reprises d'aller reconnaître et boucher les ouvertures. Leurs efforts furent vains. Il fallut songer à un expédient plus décisif, à l'abattage en carène. Les pompes redoublèrent d'activité. Les naturels qui les servaient étaient jeunes, robustes et gais ; ils travaillaient en chantant un air américain arrangé sur des paroles taïtiennes, et quand l'eau ne venait plus, ils se rassemblaient autour d'un danseur qui exécutait un pas national accompagné d'un récitatif lent et mélancolique. Dès les premiers jours, la plus parfaite harmonie s'était établie entre l'équipage et les naturels. Selon l'usage du pays, chacun de ces derniers avait choisi un tayo parmi les matelots de la frégate. Un tayo, pour le Taïtien, n'est pas seulement un ami, c'est un autre lui-même. Entre tayos, tout est commun : la propriété cesse où cette amitié commence. L'échange des noms suit la confusion des fortunes. Jamais compagnonnage ne fut poussé plus loin. Les vieux dévouemens de Pylade pour Oreste, de Nisus pour Euryale, pâlissent auprès de celui-là. La chose se fit d'ailleurs, à bord del'Artémise, de la manière la plus naturelle. Dès l'abord, nos matelots, volontiers généreux, avaient invité à leur modeste ordinaire les indigènes, qui regardaient d'un œil d'envie le pain et le vin de France. De là des adoptions dans chacune des gamelles qui toutes eurent ainsi leurs tayos ou amis. Cette amitié ne s'exerça pas à titre onéreux. Bientôt, à l'heure des repas, on vit accourir de tous les points de Pape-Iti des enfans ou des femmes portant des paniers pleins de fruits, de cocos, d'oranges, de goyaves, de mayoré et de pastèques. Assis sur le rivage, ces messagers attendaient que le roulement du tambour eût annoncé l'heure du repas, et quand ce signal se faisait entendre, le cri detayo, tayo, retentissait dans les chantiers, et chacune des offrandes allait à son adresse. Puis, quand le soir était venu, les tayos s'en allaient, bras dessus, bras dessous, Français et Taïtiens, dans la case commune. Tous les matelots avaient ainsi à terre maison et femme, un ménage complet. La jalousie étant une passion inconnue à ces naturels, on devine tout ce qu'un pareil arrangement offrait de ressources et de plaisirs à nos marins. Ils étaient ainsi logés, nourris, blanchis à peu près pour rien. Leur caractère avait plu tout d'abord à ces bons insulaires, qui jamais n'avaient trouvé, chez les autres peuples, ni tant de gaieté, ni tant d'expansion, ni tant de bienveillance. La plage était continuellement en fête, au grand scandale des missionnaires ; elle ne semblait plus avoir d'échos que pour les chants joyeux et les longs éclats de rire.

C'est ainsi que l'on arriva au jour de l'abattage. Cette opération délicate eut lieu le 20 mai, c'est-à-dire un mois environ après l'arrivée de la frégate. La besogne avait été conduite avec une rapidité merveilleuse. L'Artémise est entièrement vide, avec un petit lest seulement pour équilibrer ses parties. Les bas mâts restent seuls debout ; d'un côté, les haubans sont flottans, et raidis de l'autre ; d'énormes câbles s'apprêtent à soutenir l'effort de la frégate se renversant sur elle-même. Les sabords, les ouvertures, ont été hermétiquement fermés et calfatés ; les batteries et le faux-pont sont garnis d'épontilles pour conjurer la pression ; enfin des faisceaux de cordes, allant de la plage à la tête des mâts, servent à frapper et à maintenir d'énormes poulies d'appareil qui vont agir énergiquement sur cette masse gigantesque. L'opération commence, le bruit des cabestans l'annonce à Pape-Iti. Toute la population accourt. L'Artémise, vivement attaquée, se rapproche d'abord des quais et s'arque d'une manière effrayante. On s'aperçoit qu'elle touche sur un point ; mais, à l'aide de quelques précautions, on la maîtrise, on la dompte, et bientôt elle montre au-dessus de l'eau sa carène verdâtre. La quille est tout à découvert ; on peut voir les blessures qu'elle a reçues et s'assurer jusqu'à quel point les roches l'ont entamée. Sur une longueur de trente pieds, le bordage enlevé offre une déchirure énorme, l'étambot est broyé, la cale est à jour. Pour peu qu'une avarie aussi grave eût porté sur des parties moins fortes, l'Artémisene résistait pas au choc : elle sombrait [1].

Désormais la frégate, devenue inhabitable, demeurait livrée aux ouvriers qui allaient la réparer. L'équipage entier, officiers et matelots, s'installa de son mieux à terre, soit dans les cases des naturels, soit dans un campement improvisé. L'initiation de cette colonie française à la vie taïtienne fut des plus faciles et des plus douces. On a vu comment les matelots s'y étaient pris, et quels amis ils avaient trouvés. Les officiers n'eurent pas des rencontres moins heureuses l'île que Bougainville avait appelée la Nouvelle Cythère ne donna pas de démenti à son nom. Le séjour de Taïti fut une longue suite d'amours volages et sensuels. Pape-lti ne formait plus qu'un sérail, moins la contrainte. Le soir venu, chaque arbre du rivage abritait un couple passionné, et les eaux de la rivière donnaient asile à un essaim de naïades cuivrées qui venaient s'y jouer avec les élèves de la frégate. Que de liens aussi promptement formés que brusquement rompus ! Que de marchés étranges dans lesquels intervenaient les pères, les frères, les maris, et sur lesquels les missionnaires eux-mêmes prélevaient, sous forme de pénalité, une espèce de dîme ! Les sectes philosophiques qui ont si long-temps poursuivi la découverte de la femme libre, ne s'imaginent pas que Taïti a depuis long-temps réalisé leur idéal, et qu'elle conserve des mœurs à l'unisson de leurs rêves. La réserve et la pudeur y sont des vertus très peu comprises, et il n'est pas un naturel, homme ou femme, dans lequel on ne puisse trouver ou un Proxénète ou une Messaline.

Identifiés à ce point avec la vie locale, on comprend que nos voyageurs purent la saisir sur le fait et en observer les moindres nuances. Aucune des qualités de cet excellent peuple ne leur échappa, et ils s'assurèrent que leurs vices n'étaient ni bien dangereux, ni bien enracinés. Ces femmes, si légères en apparence, se montraient susceptibles de sentimens profonds ; ces hommes qui se résignaient à de singuliers rôles, révélèrent dans plusieurs cas un cœur noblement placé. A côté d'une versatilité sans égale éclatait parfois un dévouement réel. On distinguait, dans cette race, quelque chose de la naïveté de l'enfant qui s'abandonne au mal sans en calculer les conséquences, et qui revient au bien, dès qu'on le remet dans la voie, avec la candeur et la mobilité de son âge. Les missionnaires auraient pu beaucoup sur de pareilles natures, s'ils les avaient comprises. Quand ils arrivèrent à Taïti, c'était encore l'île des plaisirs de Bougainville, l'île des danses gracieuses qui charmèrent Cook lui-même, l'île des amours dans lesquels Wallis joua un rôle personnel et presque royal. Les jeunes filles se couronnaient de roses, et joyeuses s'offraient à tout venant, sans passion comme sans remords. Scandalisés de telles mœurs, lesmissionnaires voulurent les abolir sans transition. A cette vie désordonnée, ils opposèrent un puritanisme inflexible ; contre cet abandon excessif, ils fulminèrent des interdictions absolues. Qu'en résulta-t-il ? Ils manquèrent le but pour avoir voulu le dépasser, et se virent bientôt contraints de tarifer le vice faute de pouvoir l'éteindre.

Ce contraste subit détermina d'autres phénomènes plus funestes. Libre dans ses penchans, cette race s'était prodigieusement développée. Cook estimait, en l'exagérant, la population du groupe de Taïti à trois cent mille ames. N'admettons, pour rester dans le vrai, que la moitié de ce chiffre. Les navigateurs sont venus, et avec eux ces maladies honteuses que l'Europe promène autour du globe sur ses infatigables vaisseaux. Avec eux aussi devait se manifester cette prétention systématique d'imposer à l'univers nos mœurs et nos croyances. Sous cette double influence, la population de Taïti s'est fondue comme la neige au premier soleil. En soixante années, du chiffre de cent cinquante mille ames, elle est descendue à celui de quinze mille : elle menace de disparaître. Des prescriptions ridicules pour le costume, des châtimens sévères pour les moindres fautes, achèvent aujourd'hui ce qu'un poison secret et les boissons fermentées avaient commencé. L'hypocrisie pèse à ce joyeux peuple ; il ne peut vivre dans cette atmosphère de compression qu'on lui a créée ; il y étouffe, il en meurt. Tout était en harmonie avec son organisation ; tout, sa nudité, son laisser-aller, sa folie, sa licence peut-être, et on lui a tout enlevé en un jour. La propagande qui voulait sauver l'ame a tué le corps.

C'est le dimanche surtout que l'on peut voir comment les missionnaires pratiquent à Taïti leur système de surveillance et de contrainte. Dès l'aube, la plage se couvre de naturels qui se sont parés de tous leurs lambeaux européens. Rien n'est plus curieux que cette procession bigarrée, où le vêtement jure toujours avec l'individu. On ne saurait se faire une idée des chapeaux monstrueux et des robes incroyables qui voient le jour dans ces occasions. Des hommes marchent gravement sans pantalons et avec un habit noir ouvert à toutes les coutures ; d'autres ont des bottes et point d'habits. Les femmes, empaquetées dans leurs corsages et s'embarrassant dans leurs jupes, ne savent où poser le pied et comment porter la tête. Ces atours européens contrastent d'ailleurs tellement avec des figures cuivrées, que toute la grace du type s'efface et disparaît. On a sous les yeux des guenons habillées. A peine de loin en loin aperçoit-on quelque jeune fille s'avançant timidement, la tête ornée de fleurs et le corps enveloppé d'une grande pièce detapa ou de foulard. Encore si un missionnaire aperçoit la gracieuse enfant, éclate-t-il en reproches et force-t-il la délinquante à sortir de l'église. Telle est la tyrannie qui pèse sur les indigènes, tyrannie de tous les jours et de toutes les heures.

Les bains dans la rivière, les jeux, les fêtes, sont l'objet des mêmes prohibitions. Pour tromper leurs rigides mentors, les jeunes Taïtiennes ont pourtant inventé une danse qui semble échapper à leur contrôle. Elles s'asseoient sur des nattes, les unes contre les autres, les jambes croisées à la manière des Orientaux. Quand elles sont en ligne, l'une d'elles entonne un chant grave et doux que la troupe entière accompagne d'un mouvement de genoux et de bras. Il en résulte une sorte de cadence qui se marque en se levant et s'asseyant tour à tour. Cette scène est un prélude qui se termine par une pantomime beaucoup plus animée et fort expressive. Les chanteuses font alors entendre toutes à la fois un son rauque et guttural auquel, par l'aspiration et l'expiration de la voix, elles impriment un caractère de plus en plus sauvage. Pendant ce temps, les genoux et les bras continuent à s'ébranler dans une agitation régulière et convulsive. La musique est aussi l'une des distractions de ces naïves créatures. Leur instrument favori ressemble assez à notre guimbarde, et elles en tirent un parti extraordinaire. Elles vont jusqu'à organiser ainsi des morceaux d'ensemble, des concerts. L'une fait le chant, les autres accompagnent. En entourant d'un certain nombre de fils la languette flexible de l'instrument, elles parviennent même à en modifier le diapason et à l'approprier à des effets voulus. D'autres fois les naturels se réunissent, hommes et femmes, pour chanter des chœurs lents et mélodieux dans lesquels ils atteignent un fort bel ensemble. La plupart des airs paraissent être en tierce et en quinte ; mais l'accord des voix n'en persiste pas moins, même dans les changemens de ton.

Les matelots et les officiers de la frégate menaient à terre l'existence la plus heureuse. Par une sorte d'instinct, les naturels semblaient chercher auprès d'eux un appui contre l'oppression de leurs sombres missionnaires. L'abandon des anciennes mœurs avait reparu. Les jeunes filles de Taïti arrivaient par essaims dans les cases où s'étaient installés des Français. Tao, Ouéria, Namoui, Loidao, Teina, Ninito et une foule d'autres étaient devenues pour eux des amies, des compagnes, des femmes de ménage. De quelque côté qu'on se promenât, on entendait crier : Oui ! oui ! oui ! seul mot que les Taïtiennes aient toutes retenues avec une facilité merveilleuse. Il eût été beaucoup plus malaisé de leur apprendre à dire non. Nos marins s'étaient parfaitement habitués à la nourriture des indigènes, qui consiste en porc rôti dans un four à cailloux, et surtout en fruits de l'arbre à pain, l'un des plus délicieux que l'on puisse manger. Cuite à feu étouffé, cette pulpe a le fondant de la pomme de terre et la délicatesse du marron, et elle est infiniment plus nourrissante que l'une ou l'autre de ces substances. L'arbre à pain (pandanvs) explique la vie molle et oisive de ces peuples. Il s'étend en forêts épaisses sur les versants des mornes, couronne les pics élevés et vient baigner ses racines jusque dans les flots de l'Océan. Jamais végétation plus riche et plus spontanée ne couvrit le sein de la terre. Elle fournit aux naturels la nourriture et l'ombre. Le Taïtien n'a pas besoin, pour vivre, de creuser péniblement un sillon comme l'Européen, ou de vouer, comme l'Hindou, ses bras fiévreux au travail des rizières. Il n'a qu'à lever la main et à cueillir le fruit du pandanus. Les bois qui entourent Pape-Iti sont des greniers inépuisables ; c'est la nature qui en a fait les frais et qui les renouvelle incessamment.

La familiarité de ces indigènes était rarement importune. Prêts eux-mêmes à tout donner, à exercer l'hospitalité la plus large, ils ne comprenaient pas, il est vrai, dans leur entière rigueur, nos habitudes de respect pour la propriété d'autrui. Les hommes, passionnés pour le tabac, en prenaient volontiers sans permission, et les femmes usaient du rhum de leurs hôtes avec assez peu de scrupules. Mais sur la moindre remontrance tout ce monde s'observait mieux et se tenait sur la réserve. Une privauté, plus difficile à déraciner, est la coutume qu'ont les Taïtiens d'emprunter à un fumeur sa pipe ou son cigarre pour en tirer quelques bouffées. Dans un pays où les maladies contagieuses sont très communes, on devine que cette familiarité, outre le dégoût qu'elle inspire, n'est pas sans inconvénient. Nos officiers eurent quelque peine à former sur ce point l'éducation de leurs commensaux ; quant aux équipages, ils ne poussèrent pas la délicatesse si loin et subirent toutes les chances des usages indigènes.

Pour remplir et tromper de longues soirées, Pape-Iti avait une petite société de choix que fréquentait l'état-major de la frégate. M. Moërenhout en était le centre. Venu de Lima en 1830, M. Moërenhout avait éprouvé quelques malheurs dans le commerce des perles par suite de naufrages et d'accidens. Accrédité depuis ce temps par la France auprès des autorités de Taïti, il est devenu l'un des hommes les plus importans et les plus éclairés de l'archipel. Chez lui se réunissaient un jeune négociant anglais, M. Robson, et le général Freyre, ex-président de la république du Chili. M. Freyre, l'un des personnages les plus marquans de l'Amérique du Sud, venait d'être exilé de sa patrie à la suite d'une réaction dirigée par le général Priato. C'était un beau vieillard, au regard calme et doux, parlant de ses malheurs sans amertume et ne regrettant que l'impuissance où il se trouvait de pouvoir servir son pays. La faction victorieuse l'avait indignement traité : jeté sans argent, presque sans habits, sur l'île déserte de Juan Fernandez, il n'avait dû qu'à la pitié un asile à bord d'un navire qui le conduisit à Sydney, puis à Taïti. Là, dans une résignation parfaite, il attendait le jour où un retour de fortune le rendrait à ses amis et à sa famille. Presque tous les soirs le général Freyre se rendait chez M. Moërenhout, où les officiers de l'Artémise venaient de leur côté. La conversation roulait alors sur Taïti, sur les mœurs curieuses de ses peuples, sur les intérêts politiques et commerciaux qui s'y rattachaient. Le thé terminait la soirée.

Un seul Français vivait alors dans l'île, jeune homme dont la vie était une suite d'aventures ; il se nommait Louis. Son père, fermier des environs de Paris, s'était vu ruiné en 1816 par la faillite d'un fournisseur des armées, et avait fait voile pour les États-Unis avec son enfant en bas-âge. Les bords du lac Erié donnèrent asile à cette famille, vouée dès-lors à la rude condition du pionnier. Louis grandit à cette école. Tour à tour patron de barque sur l'Hudson, agriculteur, jockey, marin, baleinier, il s'était fait caboteur à Taïti, et pêcheur de perles dans les parages de Pomotou. Un vieux chef de Pape-Iti et sa femme avaient adopté le jeune Français, et leur dévouement à son égard tenait de l'idolâtrie. Louis était d'ailleurs un garçon plein d'activité et d'intelligence. Toutes les langues des archipels voisins lui étaient familières, et il s'était si bien identifié avec les mœurs du pays, que le type seul le séparait de ces sauvages. Rien n'était plus singulier que sa conversation, mélange confus de souvenirs européens et d'impressions polynésiennes. Nos officiers aimaient à le faire causer, à l'employer pour divers services. Il devint leur interprète, leur compagnon assidu, et, pendant tout le cours de la relâche, il se montra d'un dévouement à toute épreuve.

Au milieu de cette vie doucement occupée, les officiers de l'Artémise ne perdaient pas de vue l'objet essentiel de leur mission. Il s'agissait d'une réparation à obtenir des évangélistes luthériens qui s'étaient imposés à ces populations naïves et dociles. Mais pour l'intelligence de cette portion du voyage, il est nécessaire de jeter un coup d'œil rapide sur les faits antérieurs.

La découverte de Taïti, long-temps attribuée à l'Espagnol Quiros, ne semble pas remonter au-delà de la reconnaissance positive du capitaine anglais Wallis, en 1767. Wallis, à l'aide de ses canons, se fit promptement respecter sur les plages de l'île, et à ce premier succès il joignit bientôt la conquête de la reine Berea, dont les anciennes relations vantent le port majestueux. Bougainville, qui visita Taïti quelques mois après Wallis, n'aspira pas aux mêmes bonnes fortunes ; mais son équipage utilisa si bien cette heureuse relâche, que l'amiral crut devoir donner à l'archipel un nom mythologique en harmonie avec ses mœurs amoureuses. Cook, voyageur plus sévère encore, ne fut point insensible aux séductions du pays, à la candeur, aux graces de ses habitants. Il parut trois fois à Taïti, et chaque fois ce furent de nouvelles fêtes, de nouveaux élans d'affection, de nouveaux témoignages de bienveillance. Les divers navigateurs qui y jetèrent l'ancre à leur tour, l'Espagnol Bonechea, Vancouver, l'Anglais Sever du brick Lady Penrhyn, le capitaine Bligh du sloop Bounty, le capitaine New du Dedalus, n'eurent qu'à se louer également des procédés de ce peuple hospitalier et paisible. Aux fléaux que leur apportait la civilisation, ces sauvages ne surent répondre que par la résignation la plus touchante.

Parmi les évènemens qui se rattachent à cette période, aucun n'est d'un intérêt plus réel que la révolte du sloop de guerre Bounty, commandé par Bligh, compagnon de Cook. Bligh était l'un de ces hommes intraitables qui amassent autour d'eux des tempêtes. Depuis long-temps des haines sourdes couvaient parmi les officiers de son équipage. Elles éclatèrent en avril 1789, vingt jours après que le sloop Bounty eut quitté les ports taïtiens. Le lieutenant Christian était le chef du complot : on s'empara du capitaine et de dix-huit hommes qui lui étaient restés fidèles ; on les jeta dans une embarcation avec quelques vivres, un quart de cercle et une boussole. La mer fut propice à ces malheureux ; Bligh revit Sydney pour devenir plus tard gouverneur de la Nouvelle-Galles du sud. Cependant le sloop Bounty demeurait à la merci des insurgés. Que faire ? où aller ? comment se dérober à un juste châtiment ? L'avis de Christian était de gagner une île déserte. On songea à Toubouaï ; mais des querelles avec les naturels rendirent bientôt ce séjour inhabitable ; il fallut retourner à Taïti. Alors une scission se déclara. Les midshipmen Stewart et Heywood demandèrent à rester à Pape-Iti ; Christian ne se crut pas en sûreté sur des parages fréquentés par des navires de guerre ; il remit à la voile.

Les premiers expièrent bientôt leur imprudence. Dix-huit mois après leur débarquement, la frégate anglaise Pandora vint les réclamer pour les livrer à la justice anglaise. Il fallut obéir. Douze insurgés se rendirent à bord, accompagnés de leurs femmes qui poussaient des cris lamentables. Elles se jetèrent aux pieds du commandant et demandèrent à suivre leurs maris en Europe. L'une d'elles surtout, Peggy, épouse de Stewart, se fit remarquer par une douleur naïve et profonde. Quand son amant eut été conduit à bord, elle s'y rendit avec son enfant, se traîna jusqu'au prisonnier, et tomba évanouie dans ses bras. Il fallut l'en arracher de force et lui interdire l'accès du bâtiment. Alors la pauvre Peggy alla s'établir sur la plage, en face de la Pandora, ne la quittant pas un instant des yeux, immobile, morne, silencieuse, vivant de quelques fruits à pain que sa sœur lui apportait. Elle ne bougea pas du rivage tant que la frégate stationna dans la rade, et au jour du départ, après avoir vu son dernier espoir s'évanouir à l'horizon, Peggy regagna lentement sa case et se laissa mourir. Son enfant la suivit de près.

Les huit révoltés qui avaient suivi la fortune de Christian n'eurent pas une fin aussi malheureuse. Embarqués de nouveau sur le sloop, ils atteignirent l'île de Pitcairn, qui allait être le théâtre d'une colonisation fort curieuse. Pitcairn est un écueil perdu au milieu de l'immensité de la mer du Sud. Christian y descendit avec huit Anglais, six hommes et douze femmes de Taïti. L'île était heureusement inhabitée et d'un abord difficile. On s'installa à terre avec tous les objets utiles à l'établissement nouveau, et l'on brûla le sloop. Des habitations furent construites, des terrains défrichés. Les ignames, les taros, les pommes de terre, les bananes, la canne à sucre, réussirent à souhait. L'arbre à pain et le cocotier faisaient partie de la végétation naturelle de l'île. La nature s'était plu à embellir ce lieu d'exil, que des falaises escarpées défendaient contre les visites de croiseurs hostiles ou de voyageurs curieux. Cependant les révoltés ne furent d'abord qu'imparfaitement rassurés, et long-temps, à tour de rôle, ils se posèrent en vigie sur l'un des sommets de l'île, afin d'épier les navires qui pouvaient paraître à l'horizon.

Les premières années de l'établissement furent assez tranquilles, quoique les Anglais eussent pris vis-à-vis des Taïtiens le rôle de maîtres et de maîtres exigeans ; mais bientôt des querelles violentes s'élevèrent au sujet des femmes, dont le nombre n'était pas proportionné à celui des hommes. Pitcairn devint un enfer. Tantôt les blancs surprenaient les sauvages en état de conspiration flagrante et les égorgeaient ; tantôt les sauvages fondaient à l'improviste sur les blancs et les massacraient. Les femmes se rangeaient d'un parti ou de l'autre ou complotaient de leur côté. Le lieutenant Christian périt dans un guet-apens et avec lui trois de ses compagnons. En 1793, il ne restait plus à Pitcairn que quatre Européens, dix femmes et quelques enfans. D'autres catastrophes enlevèrent encore trois hommes, et, en 1800, on ne comptait dans l'île qu'un Anglais, le nommé Alexandre Smith, qui avait changé son nom en celui de John Adams.

Demeuré seul, John Adams fit un profond retour sur lui-même. Il comprit que le seul moyen d'expier sa vie passée, soit devant les hommes, soit devant Dieu, était dans la conduite qu'il allait tenir vis-à-vis de cette colonie dont il devenait le chef responsable. Une Bible avait été conservée dans l'une des habitations ; il la prit, la médita et en fit la lecture aux enfans. John Adams était une de ces natures droites et simples qui trouvent en elles-mêmes de quoi suffire aux plus vastes devoirs. Sa parole n'était pas celle d'un théologien, mais elle avait une gravité onctueuse, une persuasion tendre, qui étaient irrésistibles. A sa voix, cette colonie changea d'aspect ; elle ne forma plus qu'une famille, régie par la plus douce, par la plus touchante fraternité. John Adams sut même donner à ses pupilles quelques notions sur les arts, sur les mœurs de l'Europe, et les voyageurs, qui plus tard visitèrent Pitcairn, furent frappés du sens moral, de l'esprit net et pénétrant de ces insulaires. Quant à leur bonté, à leur affabilité, elles étaient au-dessus de tout éloge. Jamais de querelles, jamais de voies de fait ; l'ordre et la vertu régnaient dans tous les ménages ; les liaisons irrégulières avaient disparu pour faire place à des unions religieuses, et les mœurs idolâtres s'étaient retirées devant les mœurs chrétiennes.

Cette colonie vit s'écouler huit ans de la sorte, dans le bonheur et dans l'oubli. Aucun navire d'Europe n'était venu troubler la paix de l'établissement. Le Topaaz, capitaine Folger, visita le premier Pitcairn, en 1808, et en 1814 deux frégates anglaises, passant devant cette île, se virent abordées par des pirogues d'où, à la grande surprise des marins, on les héla en anglais. L'une d'elles portait le fils du révolté Christian, grand et beau jeune homme, qui monta à bord. On le fit causer, et il s'exprima avec une convenance, une ingénuité, qui charmèrent tout le monde. Les deux commandans se rendirent alors à terre. Adams les attendait sur le rivage, et, dès qu'ils parurent, il s'offrit à eux comme prisonnier. La colonie entière entourait son chef, inquiète et désolée ; la famille d'Adams était en larmes, les enfans poussaient des cris, les femmes éclataient en sanglots. Jamais deuil ne fut plus réel, douleur plus vraie. Les commandans s'empressèrent de rassurer ce bon peuple. « Adams est coupable, dirent-ils, mais il a expié sa faute. Nous ne voyons plus en lui le révolté du sloop Bounty, mais le patriarche de Pitcairn. » Ces paroles calmèrent toutes les craintes, et les deux officiers quittèrent cette côte chargés de bénédictions et comblés de caresses.

Le récit de ces relâches, parvenu en Europe, valut à Pitcairn de nombreuses visites. Les navigateurs qui passaient à portée de l'îlot ne manquaient pas d'aller recueillir quelques nouvelles du bon Adams et de sa famille. Beechey, en 1825, y compta soixante-six colons ; le patriarche gouvernait encore sa colonie. Le capitaine Waldegrave ne l'y trouva plus ; Adams était mort en 1829, léguant ses pouvoirs à Édouard Young. Quoique la petite peuplade fût encore tranquille, quelques membres européens qui s'y étaient mêlés avaient introduit dans les esprits les germes de divisions nouvelles. Un incident imprévu vint grossir ces premiers symptômes de désorganisation. Sur des rapports vagues, l'Angleterre avait envoyé des navires à Pitcairn, dans la crainte que le sol de l'île ne pût suffire désormais à la nourriture des habitans. Ces hommes simples n'osèrent pas se refuser à une expatriation qu'on avait l'air de regarder comme nécessaire. Ils s'embarquèrent pour Taïti ; mais, au spectacle des mœurs licencieuses de cet archipel, leur piété s'effaroucha ; ils demandèrent à être reconduits sur leur îlot, pur de pareils scandales. On ne put, on ne voulut pas les écouter d'abord, et quand plus tard on les rendit au sol natal, ils y rapportèrent les impressions funestes qu'engendrent toujours les mauvais exemples. Aussi la discorde et les habitudes relâchées semblent-elles s'être de nouveau introduites à Pitcairn, et John Adams ne reconnaîtrait plus aujourd'hui son œuvre dans cette société livrée au dérèglement et à l'intrigue.

Cet épisode, qui se lie si étroitement à l'histoire de Taïti, nous a conduits un peu loin dans l'ordre des dates. Il faut remonter maintenant à la fin du siècle dernier, pour constater les premiers efforts de la propagande religieuse qui choisit pour théâtre les îles du groupe taïtien. Ce fut en 1797 que la société des missions de Londres envoya dans ces parages le Duff, capitaine Wilson, qui y laissa quelques apôtres dévoués. Le roi du pays était alors Pomaré : il régnait au nom de son fils Otou, depuis célèbre sous le nom de Pomaré II [2]. Ce chef fit aux missionnaires le meilleur accueil, et, soit par calcul, soit par suite d'une méprise, le grand-prêtre de l'idolâtrie indigène ne se montra pas moins dévoué à leur fortune. Le culte de Taïti était alors un fétichisme très tolérant dans lequel les dieux Taaroa, Oro et Manoua jouaient un grand rôle. Les missionnaires, dans leurs gloses, ont eu le soin de faire ressortir les analogies qui existent entre cette théogonie et la trinité chrétienne. Taaroa est le père, Oro est le fils, Manoua le saint-esprit ou l'oiseau. Ces trois dieux, d'un ordre supérieur, commandaient à une foule de divinités subalternes, parmi lesquelles on remarquait Hiro, le maître de l'Océan ; Atoua-Maos les dieux-requins, qui transportaient, s'il faut en croire les traditions locales, d'une île à une autre, à la manière du dauphin d'Amphion, les insulaires dévoués à leur culte ; les dieux de l'air, les dieux du feu, les dieux des arts, les dieux des professions manuelles, etc.

Les fétiches étaient presque toujours des morceaux de bois de casuarinagrossièrement sculptés et enveloppés de lambeaux d'étoffes de tapa. La dimension des idoles variait de quelques pouces jusqu'à sept ou huit pieds. Les plus ornées étaient couvertes de tresses en bourre de coco et surmontées de plumes rouges. Les idoles des simples esprits se nommaient des tiis, celles des dieux des tous. Elles n'étaient saintes que lorsqu'elles s'animaient à la voix des prêtres ; hors de là, elles perdaient beaucoup de leur valeur. Pour qu'un fétiche eût droit aux honneurs suprêmes, il fallait qu'il fût décoré avec les plumes écarlates de la queue du phaéton. Ces plumes consacraient l'idole et la plaçaient au premier rang ; elle devenait alors génie, esprit, talisman, amulette, et se pénétrait d'une manière particulière de l'essence même des dieux. Les temples où ces fétiches étaient principalement adorés se nommaient desmoraïs, vastes enclos entourés de murs ou de palissades, dans lesquels on avait soin de ménager des chapelles pour les idoles et des tombes pour les chefs. Les arbres distribués autour de cette enceinte étaient sacrés ; on y voyait des casuarinas au feuillage mélancolique, des tesmesias et des cordias qui forment des berceaux impénétrables au soleil. Le culte se composait de prières, d'offrandes et de sacrifices. On immolait aux dieux des poissons, des fruits, des porcs, des oiseaux, et, dans les temps de guerre, des victimeshumaines. Les fonctions sacerdotales étaient héréditaires, et les prêtres avaient le rang de chefs ; le pontife était ordinairement un membre de la famille régnante. A côté des prêtres, et en dehors de leur influence, figurait la classe des aréois, qui se recrutait par une sorte d'initiation et d'investiture religieuse. Les droits des aréois, véritables chefs de l'île, leur assuraient en toutes choses une impunité dont ils usaient largement.

Telles sont les mœurs et les croyances contre lesquelles les missionnaires anglicans allaient avoir à lutter. Trompés par la tolérance affectueuse des naturels, ils crurent à un triomphe facile. Leur illusion ne fut pas longue. On les écoutait, on réclamait leurs secours comme mécaniciens, comme ouvriers intelligens et habiles ; mais on s'en tenait là. A peine installés, ils

avaient cherché à combattre les mœurs locales dans ce qu'elles avaient de plus barbare ; la coutume qui existait parmi les aréois, de détruire leurs nouveaux-nés, attira d'abord leur attention [3]. Pour vaincre cet odieux usage, les apôtres s'adressèrent à l'amour des mères, qui parut capituler ; mais les préjugés des chefs reprirent bientôt le dessus. Ces tentatives infructueuses furent même suivies de quelques persécutions. Si les intentions du vieux Pomaré étaient toujours excellentes, son fils ne cachait pas son éloignement pour les missionnaires, et bientôt des guerres civiles vinrent empirer cette situation précaire. De 1800 à 1803, les prêtres anglicans, malgré des prédications nombreuses et d'infatigables efforts, n'avaient obtenu aucun résultat réel. Partout où ils s'étaient présentés, on les avait tournés en ridicule, en disant que leur Dieu était tout au plus le serviteur du grand Oro, le maître du monde. Telle était la situation des choses à la mort de Pomaré Ier, qui eut pour successeur son fils, Pomaré II. Une confusion effroyable suivit cet évènement. Pendant six années environ, Taïti offrit le spectacle d'un bouleversement complet. Il s'agissait de l'image du dieu Oro que se disputaient divers partis, et en l'honneur de laquelle on tua et dévora des milliers de victimes. Les équipages des navires anglais de relâche dans les ports de Taïti se mêlèrent, à diverses reprises, de la lutte, et firent incliner le succès du côté des armes à feu. Au milieu de ces désordres, les missionnaires n'avaient pu se maintenir sur la grande île ; ils s'étaient retirés à Eimeo, où Pomaré ne tarda point à paraître, vaincu, dépossédé, monarque sans couronne. L'heure était propice pour une conversion. Le chef taïtien accusait Oro de sa défaite et commençait à douter d'une divinité qui l'avait si mal soutenu. M. Nott, seul missionnaire resté sur les lieux, exploita habilement cette disposition. Il promit à Pomaré la victoire au nom d'un dieu nouveau, et laissa entrevoir, comme complément à l'influence céleste, le concours de quelques équipages anglais. Pomaré n'hésita plus : il se fit instruire et baptiser par le pasteur Nott ; puis, pour rompre avec les vieilles idoles, il choisit une occasion solennelle et viola la loi du tabou. Letabou est cette interdiction religieuse en usage dans toute la Polynésie, interdiction qui frappe certains objets, certains hommes, certains lieux ; c'est le seul code formel en vigueur dans ces îles. Aussi, en violant le tabou, Pomaré rompait-il avec tout son passé. Cet exemple retentit au loin. Bientôt l'île entière d'Eimeo demanda le baptême, et il fallut que M. Nott sollicitât avec instance de nouveaux auxiliaires pour sa mission.
L'élan était donné, le chef le plus important avait abjuré le culte des idoles ; le reste n'était plus qu'une question de temps. Une anarchie profonde dévorait la grande île ; on vint supplier Pomaré d'y reparaître et d'y ressaisir le pouvoir. Tous les partis l'appelaient, le regrettaient. Les chefs vainqueurs avaient fait de Taïti le théâtre de leurs saturnales ; les champs restaient en friche ; une seule culture demeurait en honneur, celle de la racine du ti (dracoena terminalis), dont on tirait une liqueur spiritueuse. L'île n'était plus

qu'une distillerie et un cabaret ; la chaudière était un rocher creux, la cornue un couvercle en bois, le réfrigérant un conduit en roseau. Autour de cet alambic se pressaient des naturels qui buvaient la liqueur à mesure qu'elle tombait dans le récipient, puis, ivres et furieux, s'entr'égorgeaient les uns les autres. A ce récit, Pomaré comprit que l'heure était venue de tenter de nouveau le sort des armes. Il reparut à Taïti, où, durant trois années entières, il eut à soutenir le choc des idolâtres. Un instant son étoile pâlit et sembla s'effacer ; mais un dernier effort lui fit regagner le terrain qu'il avait perdu, et vers la fin de 1815 il demeurait souverain absolu de tout l'archipel. La propagande religieuse marchait plus rapidement encore. Eimeo, berceau de l'église nouvelle, était toute convertie. On ne pouvait suffire ni aux prêches ni aux baptêmes. Une chapelle avait été construite et inaugurée. Les chefs du pays abjuraient leurs faux dieux, et le grand-prêtre avait mis de sa main le feu aux idoles. L'archipel entier suivit cette impulsion. Chaque jour amenait des conquêtes nouvelles, et, vers la fin de 1814, les îles comptaient plus de six cents chrétiens. La victoire de Pomaré acheva cette œuvre de patience et de persuasion. Pour porter un dernier coup à la puissance des fétiches, le chef vainqueur détacha une élite de ses guerriers vers le temple d'Oro. Cette troupe entra dans le sanctuaire du dieu, décapita son image, bloc de casuarina grossièrement sculpté, et porta la tête aux pieds de Pomaré. Celui-ci affecta d'abord de s'en servir pour les plus vils usages, par exemple comme billot de cuisine ; puis il la jeta au feu. Cette exécution, faite avec éclat, eut une influence décisive au sein des îles, et fut suivie de la destruction des idoles encore debout ; un an après, on y eût en vain cherché le moindre vestige de l'ancien culte.

Taïti chrétienne obéissait désormais à Pomaré : il la plaça sous les ordres de chefs dévoués, et, sous l'inspiration des missionnaires, songea à la réorganisation du pays. Dans ce travail, personne ne voulut et ne sut tenir compte des mœurs antérieures qu'il importait de ménager. La transition fut trop brusque ; aussi devait-elle porter dans l'avenir des fruits funestes. Cependant les premiers jours de la propagande furent marqués par des épisodes touchans. Un renfort d'apôtres arriva de Sidney avec un évangile taïtien ; on le reçut avec enthousiasme, mais on voulut avoir plus encore. Une imprimerie fut fondée à Eimeo par les soins du révérend Ellis, connu par ses importans travaux sur les contrées polynésiennes. M. Ellis, débarquant avec une presse et des caractères, causa presque une révolution dans le pays. Les livres de piété manquaient ; on en comptait un exemplaire à peine par famille, et plusieurs d'entre elles n'en avaient pas. Pour y suppléer, ceux-ci avaient copié le syllabaire, ceux-là, ne pouvant se procurer du papier, s'étaient contentés de tracer, à l'aide d'un jonc trempé dans une teinture violette, des passages des Écritures sur des morceaux d'étoffe préparés avec soin. L'arrivée d'une presse allait rendre superflues ces combinaisons d'une ferveur ingénieuse.

Quand la machine se trouva installée, Pomaré voulut être des premiers à la voir. M. Ellis composa une page sous ses yeux, puis lui enseigna la manière d'en obtenir une épreuve. Le souverain de Taïti était enchanté ; il suivait de l'œil les progrès du travail, calculait le nombre des lettres et prenait à toutes ces opérations un plaisir d'enfant. L'impression réussit à souhait. On tira deux mille six cents exemplaires du syllabaire, un catéchisme taïtien, des extraits des Écritures et un Évangile selon saint Luc. Pendant ce travail, la population se pressait aux portes de l'atelier en poussant des cris d'admiration : « O Angleterre, terre du savoir ! » disait-elle. Le rivage était encombré de pirogues ; de tous les points de l'archipel, on venait chercher des livres.

« Souvent, dit le révérend Ellis, témoin oculaire [4], souvent je voyais paraître trente ou quarante embarcations qui venaient demander et attendre des exemplaires. Un soir, au coucher du soleil, une pirogue arriva de Taïti, montée par cinq hommes. Ils plièrent leur voile, débarquèrent, et s'acheminèrent vers mon logement. J'allai au-devant d'eux. « Luka ! te parau na Luka (saint Luc ! donnez-nous saint Luc), » me dirent-ils tous à la fois en m'offrant en échange des bambous pleins d'huile de coco. Je n'avais pas d'exemplaires prêts, et les engageai à se retirer dans le village pour y passer la nuit. Le crépuscule, toujours très court sous les tropiques, venait de finir. Je me retirai. Quelle fut ma surprise, quand le lendemain, au soleil levant, je les aperçus couchés à terre, devant la maison ! Inquiet, je leur demandai pourquoi ils avaient passé la nuit en plein air : « Maître, me répondirent-ils, nous avions peur que quelqu'un ne vînt de grand matin vous demander des livres, et nous avions résolu de ne nous éloigner qu'après en avoir obtenu. » Je les conduisis dans l'imprimerie, et, ayant assemblé des feuilles à la hâte, je leur en donnai à chacun un exemplaire, puis deux autres encore pour leur mère et leur sœur. A peine les eurent-ils en leur pouvoir, que, s'empressant de me remercier, ils coururent au rivage, hissèrent leur voile, et retournèrent vers leur île natale, sans avoir bu ni mangé, ni fait aucune provision. »

Cette première phase du pouvoir des missionnaires ne rencontra que des cœurs soumis. Le chant des hymnes, les cérémonies religieuses, enchantaient les nouveaux catéchumènes. Le tabou, cette loi impérieuse, avait été abolie ; l'infanticide n'était plus imposé aux mères. Tout allait au mieux : l'obéissance était complète, les chapelles regorgeaient de monde, la ferveur semblait générale et sincère. Malheureusement ce n'était là qu'une piété extérieure ; les dehors seuls avaient été domptés ; au fond, les indigènes n'avaient rien perdu ni de leur goût pour le plaisir, ni de leur nature ardente, ni de ces instincts des sens si énergiques chez eux. Les missionnaires s'en aperçurent et voulurent lutter, mais leurs efforts échouèrent. Les conseils furent aussi impuissans que les rigueurs. Pomaré eut beau mettre toute son autorité au service du nouveau culte, créer des châtimens pour les plus légers délits : il parvint seulement à organiser l'hypocrisie. Le mal avait fait de tels progrès dès 1819, que les missionnaires convoquèrent une assemblée des chefs pour promulguer une sorte de code pénal. Le roi ouvrit la séance et lut une série de dispositions coërcitives qui atteignaient les moindres contraventions morales. Cet acte ne fit qu'accroître le mécontentement ; les procès qui en furent la suite ne guérirent rien, ne réparèrent rien, et là où les missionnaires croyaient avoir semé la crainte, ils ne recueillirent que le scandale.

Pomaré lui-même résista, en quelques occasions, aux empiétemens des évangélistes. Sous le titre de Sociétés auxiliaires des Missions, ils avaient organisé une perception indirecte au profit du culte. Les sociétaires devaient fournir une certaine quantité de valeurs en nature, des racines d'arrow-root par exemple, ou de l'huile de coco. Cette taxe, légère d'abord, finit par devenir si onéreuse, que Pomaré s'en formalisa. Ce fut là d'ailleurs un éclair fugitif de résistance. Dans les dernières années de sa vie, ce chef célèbre se laissa abrutir par l'ivrognerie. Boire et traduire les Écritures, telles furent les deux idées fixes qu'il conciliait de la manière la plus singulière. Chaque matin, il se rendait dans son petit kiosque, situé sur l'île de Motou-Ta, avec sa Bible sous le bras et sa bouteille de rhum à la main, et il y demeurait des heures, des journées entières, lisant l'une et vidant l'autre. Puis, quand il sentait sa tête s'alourdir à la suite de libations trop copieuses : « Pomaré, s'écriait-il, ton cochon est maintenant plus en état de régner que toi. » Ces excès le minèrent ; la pensée s'en alla d'abord, puis la vie ; il mourut vers la fin de 1821. Les missionnaires, qui lui devaient leur puissance, lui accordèrent peu de regrets ; ils ne songèrent plus qu'à élever dans leur intérêt et selon leurs vues l'héritier du pouvoir, alors âgé de quatre ans.

Cependant, depuis la mort de Pomaré, l'influence morale semble s'être retirée peu à peu des missionnaires : ils effraient encore les populations, mais depuis long-temps ils ne les dirigent plus. L'enfant qu'ils élevaient, comme un Joas, à l'ombre de l'autel, couronné en 1824, au milieu d'un grand cérémonial, s'est éteint dans leurs bras en 1827. Depuis lors les deux femmes qui ont régné sur Taïti, Pomaré-Wahine comme régente, Aïmata-Wahine comme reine, ont souffert impatiemment un joug qu'elles ne pouvaient briser, et ont protestéplus d'une fois par leur conduite. Le système de compression laborieusement poursuivi s'est écroulé devant des scandales partis de si haut, que les missionnaires ne pouvaient les atteindre. La cour de la jeune reine est devenue une école de dissolution. Veuve à dix-neuf ans, elle a épousé un jeune homme de quinze, et réunit autour d'elle tout ce que Taïti renferme d'hommes diffamés et de femmes perdues. Les danses les plus libres, les cérémonies les plus licencieuses, les chants les plus voluptueux, ont successivement reparu. Les missionnaires condamneraient bien une sujette aux travaux des routes [5], mais quelle action pourraient-ils avoir sur une reine ? Ils se contentent aujourd'hui de constater de loin en loin leur autorité par quelques exemples, et de maintenir sur tous les points de l'archipel un système d'espionnage permanent. Aussi les jeunes filles tremblent-elles devant le chapeau de paille et le bâton blanc du surveillant des missionnaires. A l'approche de ces insignes bien connus, on les voit fuir comme des colombes effarouchées : plus de danses, plus de folle gaieté ; mais à peine le surveillant est-il hors du regard, que les jeux folâtres recommencent.

Des diversions plus graves encore ont menacé la suprématie des missionnaires luthériens. L'une est une sorte de schisme né au sein de l'archipel même, et qu'on peut regarder comme une capitulation des croyances chrétiennes avec les souvenirs mal éteints de l'ancienne idolâtrie. Ce schisme est celui des mamaïas, qui croient en Jésus-Christ et lisent la Bible, mais ne pensent pas que l'on soit tenu à autre chose que ces pratiques extérieures. Il est très singulier de retrouver dans l'Océanie des hérésies qui ont leurs analogues en Europe, entre autres chez les lecteurs, les labadistes et lesmemnonites. Cette secte, issue d'un cerveau sauvage, aspire comme les nôtres à la controverse et s'appuie, pour justifier la liberté des rapports entre les sexes, sur l'exemple de Salomon, qui usait largement du concubinage. N'est-ce pas un incident curieux que cette scission religieuse dans un pays pareil et si près du berceau d'une croyance ? Le schisme des mamaïas prend d'ailleurs chaque jour une importance plus grande, et il peut devenir, dans un avenir très prochain, le culte dominant des îles polynésiennes.

La seconde diversion qui inquiète les évangélistes luthériens est la tentative de quelques missionnaires catholiques. Comme cet évènement se rapporte d'une manière directe au voyage de l'Artémise, nous en parlerons avec quelques détails.

Depuis long-temps la Société des Missions de Paris, et surtout la maison de Picpus, voyaient avec douleur la propagande protestante s'étendre sur l'Océanie, sans que la prédication orthodoxe s'y fût assuré la moindre conquête. Un préfet apostolique, M. de Pompallier, et divers vicaires, parmi lesquels figuraient MM. Caret et Laval, furent dirigés vers ces contrées lointaines, afin d'y poursuivre une première et dangereuse tentative. Un navire déposa en passant ces deux missionnaires sur les îles Gambier, groupe encore sauvage, et sur lequel n'existe aucun établissement européen. Qu'on juge du danger que coururent ces prêtres au milieu de peuples idolâtres et fanatiques. Durant quatre longs mois, leur vie fut constamment en danger ; mais leur patience, leur douceur, le soin qu'ils prenaient des enfans, des malades, des vieillards, finirent par adoucir ces natures farouches. Les apôtres creusaient des puits et cherchaient à se rendre utiles, gravaient des croix sur les troncs d'arbres, composaient des alphabets manuscrits, expliquaient le mystère de la trinité à l'aide d'une feuille de trèfle, baptisaient quelques naturels plus dociles que les autres, construisaient une chapelle dont le mur était en roseaux et le toit en feuilles de palmier. Ces premiers succès furent bientôt suivis de conquêtes plus importantes. Les chefs des quatre îles se convertirent successivement, et le plus important de tous, celui que les missionnaires nomment le roi, abattit de ses propres mains et brûla les dernières idoles. Lorsque M. de Pompallier visita, en 1837, le groupe de Gambier, il n'y trouva que des catholiques.

Cependant, vers 1836, deux membres de cette mission avaient pris terre à Pape-Iti. A peine le bruit s'en fut-il répandu sur la plage, que l'église luthérienne trembla pour ses ouailles. Si au schisme des mamaïas se joignait la concurrence catholique, c'en était fait de son autorité. Elle comprit qu'il fallait agir. Procédant d'une manière indirecte, elle ameuta contre les nouveaux venus la population de Taïti, et excita une espèce d'émeute dont ils faillirent tomber victimes. M. Moërenhout, alors chargé d'affaires des États-Unis, intervint à temps et les sauva. Mais le chef de la mission anglicane, Pritchard, n'était pas homme à s'arrêter à mi-chemin. Cumulant les fonctions de ministre du culte et celles d'agent commercial, il réunit les hommes dévoués de sa double clientèle, fit entourer la maison dans laquelle se trouvaient les prêtres français, les en arracha après avoir enfoncé la toiture, et les rembarqua de vive force sur la goélette qui les avait amenés. Vainement M. Moërenhout essaya-t-il de défendre ces malheureux ; il ne réussit qu'à se faire destituer par le gouvernement des États-Unis, qui lui reprocha d'avoir agi contre les intérêts de la foi luthérienne. Une autre vengeance plus mystérieuse et plus cruelle attendait à quelque temps de là ce digne négociant. Assailli nuitamment dans sa demeure et réveillé en sursaut, il se trouva face à face d'un homme qui le renversa d'un coup de hache, et tua sa femme d'un second coup. Cet assassin était un sujet anglais qui échappa à la justice locale, et qui, en assassinant M. Moërenhout, croyait sans doute servir les haines de ses coreligionnaires. Tant de services rendus aux sujets français, et si cruellement expiés, méritaient quelque retour de la part de notre gouvernement. M. Moërenbout fut accrédité par la France auprès des autorités de Taiti.

Mais des outrages pareils ne pouvaient pas demeurer impunis. Les Îles Sandwich avaient été le théâtre de scènes à peu près semblables, et l'intolérance religieuse appelait une répression éclatante. La Vénus etl'Artémise reçurent toutes les deux des instructions à ce sujet. La Vénus, capitaine Dupetit-Thouars, arriva la première à Taïti, et par un singulier hasard elle s'y croisa avec l'expédition du capitaine Dumont-D'Urville, composée des corvettes l'Astrolabe et la Zélée. A l'aspect de cette force imposante, grande fut la surprise des naturels, et grand aussi l'effroi des missionnaires. Le capitaine Dupetit-Thouars entra hardiment dans le bassin de Pape-Iti, et après avoir mis le village sous le feu de son artillerie, il demanda 1° le libre accès de Taïti pour tous les Français, prêtres ou laïques ; 2° une amende de deux mille gourdes ; 3° un salut de vingt-un coups de canon pour le pavillon national. A une signification ainsi appuyée on ne pouvait qu'obéir. La jeune reine Aïmata entra dans une violente colère contre les missionnaires, et leur signifia de s'exécuter promptement et pour l'argent et pour le salut. La somme demandée fut portée à bord de la frégate, et Pritchard alla mettre de ses mains, sur l'île de Motou-Ta, le feu au canon qui rendait hommage aux couleurs françaises. Mais le révérend ne devait pas en être quitte pour si peu. A son tour, le commandant D'Urville se rendit chez lui, accompagné de M. Moërenhout, et en entrant il lui dit : « Monsieur Pritchard, vous êtes consul, reconnu par l'Angleterre, et c'est au consul anglais que je viens faire une visite. Quant à M. Pritchard, ministre protestant et juge taïtien, je l'aurais, s'il n'avait pas d'autres titres, fait transporter de force à mon bord, où il demeurerait aux fers jusqu'à notre arrivée en France. » Le révérend ne répondit rien, et l'on passa outre. Jamais leçon ne fut plus complète.

Cependant, la Vénus partie, il essaya de prendre sa revanche, et berça de nouveaux contes l'esprit crédule des naturels. À le croire, les Français n'avaient qu'une seule frégate qui ne reviendrait jamais. La reine avait rendu une loi qui assurait à nos missionnaires l'accès de Taïti ; cette loi fut révoquée.L'Artémise apprit cela à Sydney et cingla à l'instant même pour Pape-Iti, afin d'inspirer de nouveau une terreur salutaire. Quand elle arriva, le révérend Pritchard était en tournée dans les îles voisines. Les avaries de la frégate ne permettaient pas de parler haut tout de suite : on attendit que les réparations fussent achevées. Alors le commandant Laplace fit inviter la reine et les principaux chefs à se réunir en conseil pour recevoir les propositions qu'il allait faire. A cette ouverture, une terreur générale se répandit dans l'île ; on crut d'abord que la reine résisterait, qu'elle n'obéirait pas. Mais le principal chef du pays, Tati, se porta garant pour elle, et le 19 juin, Pomaré-Wahine, souveraine de l'archipel, parut au grand conseil qui se tint dans le temple protestant. Un prodigieux concours de peuple obstruait les avenues. Dans la salle étaient rangés tous les chefs, et derrière eux plusieurs missionnaires. Le commandant français s'avança au milieu de l'assemblée, accompagné du consul, M. Moërenhout, et du capitaine Henri, qui lui servait d'interprète. Après avoir exposé ses griefs et qualifié sévèrement la violation du traité consenti avec le capitaine Dupetit-Thouars, il demanda : 1° que les Français fussent traités dans l'île à l'égal de la nation la plus favorisée ; 2° qu'un emplacement fût désigné pour la construction d'une église catholique, avec toute liberté aux prêtres français d'y exercer leur ministère. Quand ces propositions eurent été répétées à l'assemblée par l'interprète, le commandant se retira avec tous ses officiers.

Le congrès demeurait livré à lui-même ou plutôt aux inspirations du chef Tati. Tati était le vrai roi de l'archipel ; rien ne se faisait que par ses conseils. C'était un vieillard de soixante-douze ans, d'une constitution d'athlète, haut de six pieds, et admirablement proportionné dans ses formes. Tayo ou ami de M. Moërenhout, il avait su, durant le court séjour de la frégate, apprécier le caractère, la bravoure, la générosité de nos officiers, et il s'était pris pour eux d'une amitié véritable. L'influence française allait donc dominer dans le débat. Quelques chefs timorés avaient pris d'abord la parole, opinant pour une acceptation immédiate de l'ultimatum, quand Tati, jaloux de sauver la dignité de l'assemblée, monta à la tribune. A l'instant le plus profond silence s'établit. Tati déplora l'aveuglement dans lequel les chefs avaient vécu jusqu'alors sur le compte de la France ; il parla de la nécessité d'accorder une réparation à une nation puissante ; puis, par un mouvement oratoire du plus grand effet, il déclara que voter à l'étourdie serait justifier la réputation de légèreté que les Taïtiens avaient trop souvent méritée par leur conduite. « Songez, dit-il en frappant sur la tribune, que vous délibérez aujourd'hui sous les yeux des représentans de très grandes puissances ; ne tranchez rien sans y avoir mûrement réfléchi. Vous demandez qu'on vote par acclamation, et moi je demande qu'on se sépare sans avoir rien décidé. Que chacun médite cette nuit dans le silence, et demain nous nous prononcerons avec maturité, avec sagesse, pour ou contre la loi. » C'était donner à la fois à l'assemblée une leçon et une impulsion. On se sépara sur ces paroles, et malgré les intrigues des missionnaires, qui s'agitèrent vainement, les chefs déclarèrent le lendemain, à l'unanimité, qu'ils acceptaient les conditions posées par le commandant français. Seulement ils demandaient que l'on assignât une résidence au clergé catholique. M. Moërenhout s'y refusa ainsi que M. Laplace. Ce dernier eut peut-être le tort de consentir à une condition additionnelle qui déclarait que nos missionnaires ne s'immisceraient en aucune manière dans les affaires de Taïti. Quand les lois s'interprètent à des distances semblables et sous l'influence de conseils malveillans, il faut éviter d'ouvrir la porte à de misérables chicanes.

Ainsi se termina cette affaire dont l'Artémise eut tous les honneurs. Désormais nos missionnaires seront respectés sur ces plages, et les relations commerciales se ressentiront certainement des leçons successives que les naturels ont reçues. La jalousie des évangélistes luthériens ne s'attaque pas seulement aux intérêts spirituels, et les biens de ce monde ne leur sont pas plus indifférens que les palmes de l'autre. Aussi, dans bien des occasions, nos navires baleiniers avaient eu à subir des injures et des dommages que le passage de nos frégates leur évitera désormais. La fermeté de M. Moërenhout et quelques croisières de bâtimens légers achèveront le reste.

Quant à l'introduction de missionnaires catholiques, nous n'y voyons qu'un avantage, celui de faire prévaloir, en fait comme en droit, la volonté et l'influence de la France. Sous l'action d'un culte incompatible avec les mœurs du pays et le caractère de ses peuples, nous avons vu ces générations d'insulaires dépérir et marcher vers un anéantissement graduel. Que sera-ce lorsque deux églises rivales se disputeront les ames à l'aide d'arguties théologiques ? Taïti est-il bien en état de comprendre les subtilités de la présence réelle et les contradictions de cet antropomorphisme qui, attribuant à Dieu une figure humaine, interdit l'adoration de la Vierge et des saints ? Si les deux camps du christianisme engagent la bataille sur ce terrain, qui ne comprend que le schisme des mamaïas interviendra pour recueillir les blessés des deux parts ? Que la lice soit ouverte au catholicisme dans l'archipel de Taïti, rien de mieux ; mais qu'il use discrètement de la position qu'on lui a faite et qu'il n'aspire pas au plus déplorable des triomphes, à un triomphe sur des ruines.

Cependant l'Artémise était entièrement restaurée. De ses blessures récentes il ne lui restait qu'une courbure légère, résultat du premier abattage. Le noble navire avait retrouvé sa grace et son aplomb : sa mâture, son réseau aérien, ses voiles, ses canons, son lest, tout était remis en place. Le 21 juin, elle se pavoisa pour recevoir la reine de Taïti, qui, après bien des hésitations, avait consenti à l'honorer de sa visite. Au moment de s'embarquer dans le canot du commandant, Pomaré-Wahine paraissait peu rassurée ; elle jetait des regards craintifs sur M. Moërenhout, qui avait répondu sur sa tête des suites de cette démarche. L'air affable des officiers et de l'équipage la rassurait à peine. Enfin elle se décida, non sans effort. Sa majesté taïtienne n'était pas ce jour-là vêtue à son avantage. Gracieuse et vive sous son costume indigène, elle semblait fort mal à l'aise dans les habillemens européens dont on l'avait surchargée. Son corps souple et élégant se noyait dans une robe mal taillée ; ses beaux cheveux noirs, sa figure expressive et spirituelle, étaient écrasés sous un chapeau ridicule, et des souliers rouges complétaient cette singulière toilette. Une jeune princesse d'Eimeo portait en revanche son costume avec plus de naturel et plus de goût.

Derrière la reine venait son mari avec un chapeau de paille, en veste et en pantalon blanc. C'était un fort bel homme, bien pris, découplé fortement et affectant un air dégagé qui semblait justifier les jalousies de la jeune Aïmata. Le cortége se composait de quelques femmes de la cour bizarrement accoutrées, et d'un petit nombre de chefs fort simplement vêtus, à la tête desquels on distinguait Tati. En arrivant à bord, la pauvre princesse se crut perdue. Les tambours qui battaient aux champs, une garde nombreuse qui présentait les armes, le bruit d'une musique assourdissante, tout ce cérémonial, tout ce tapage, la surprirent, l'inquiétèrent visiblement. Cependant elle se remit de son hésitation et présenta la main au commandant de la manière la plus gracieuse. Une collation attendait cette cour polynésienne, et elle y fit amplement honneur. Quand elle quitta la frégate, un salut de vingt-un coups de canon l'accompagna sur le rivage. La reine semblait plus effrayée que flattée de tous ces témoignages de considération. Elle alla se remettre chez M. Moërenhout des alarmes de la journée.

Cette soirée était la dernière que l'Artémise eût à passer à Taïti. L'heure des adieux avait sonné. Pour reconnaître les services que le brave capitaine Abrill avait rendus à la frégate, le commandant lui avait remis un des fusils-Robert que portait l'expédition ; mais les officiers voulurent, à leur tour, laisser à ce généreux marin un témoignage d'estime, un gage de reconnaissance, un souvenir. L'un des enseignes avait une longue vue plaquée en argent, instrument de prix. On la lui envoya au nom de l'état-major, après avoir gravé sur le tube l'inscription suivante : Les officiers de la frégate l'Artémise au capitaine Abrill. L'excellent homme parut plus touché de cette preuve d'affection qu'il ne l'avait été du cadeau officiel. Le gouvernement français aura sans doute encore quelque chose à faire pour un étranger à qui il doit en partie la conservation d'une frégate.

Les services rendus à l'Artémise ne sont pas d'ailleurs un fait isolé dans une vie pleine de traits d'héroïsme et de dévouement. Il y a quelques années, le capitaine Abrill commandait en second un brick pêcheur de perles, quand il rencontra à Toubouaï une goëlette chilienne armée de douze canons et montée par un nombreux équipage. C'était un pirate : Abrill ne s'y trompa point ; il avertit son capitaine en premier, qui se prit à trembler de tous ses membres. — « Que voulez-vous faire ? demanda Abrill à son chef. — Mais la résistance est impossible ; il faut se rendre, répondit celui-ci. — Se rendre ! je ne connais pas ce mot là ; emparons-nous du pirate. — Vous êtes fou. — Vous allez le voir. » Ces mots échangés, Abrill monta sur le pont, exposa son projet et demanda des hommes de bonne volonté. Sept matelots se présentèrent ; il les arma jusqu'aux dents, se jeta dans un canot avec eux, et cingla droit vers la goëlette. On le héla, il répondit « capitaine Abrill, » nom populaire dans ces parages ; on le laissa accoster, croyant qu'il venait traiter des conditions de la prise. A peine sur le pont, le vaillant capitaine saisit à la gorge le lieutenant, et le menaça de lui faire sauter la cervelle, s'il poussait un cri. L'équipage du pirate était alors couché ; Abrill ferma les écoutilles et en tint ainsi une portion en respect. Les autres, qui étaient à terre, avertis de l'évènement, cherchèrent à reprendre leurs avantages ; mais Abrill avait chargé les canons, et menaçait de couler les chaloupes au moindre mouvement. Il fallut capituler, et grace à cet audacieux fait d'armes, le brick marchand ramena à Pape-Iti son glorieux trophée.

Au moment du départ de l'Artémise, toute la colonie européenne de Taïti se trouva réunie sur le rivage. Le capitaine Abrill ne voulait se séparer de la frégate qu'au dernier moment ; il s'embarqua avec M. Moërenhout et ne la quitta qu'à plusieurs milles au large. Le pilote James remplit aussi son devoir jusqu'au bout. Le général Freyre, M. Robson, le jeune Louis, cet officieux serviteur de nos enseignes, étaient sur le môle, suivant de l'œil les préparatifs de l'appareillage, tristes, muets, ne cherchant pas à cacher leur émotion. La population indigène gardait elle-même une attitude de tristesse et de douleur. On ne voyait plus les sentiers de la plage animés par des groupes joyeux, s'appelant, se répondant. Le petit arsenal, si vivant naguère, avait un air d'abandon qui faisait mal à voir ; les habitations discrètes de la vallée étaient vides et désertes. Ces jeunes filles, à moitié Françaises déjà, accouraient une à une, la larme à l'œil, le cœur plein d'amertume. Tant de liens si librement formés, si heureux, si naïfs, allaient donc se rompre ! Se reverrait-on jamais, après avoir échangé de si doux noms ? La grève se garnissait de cet essaim d'Ariadnes, inconsolables jusqu'au lendemain. Des pirogues légères, chargées de tayos, d'amis des deux sexes, venaient se presser autour de la frégate, pour obtenir un dernier regard, une dernière expression de tendresse. Plus d'un gabier, du haut de sa hune, plus d'un matelot, de l'embrasure de sa batterie, saluèrent de la main ou avec le mouchoir leurs compagnons, leurs compagnes de logement. C'était la dernière heure de ces unions improvisées que le départ allait dissoudre. — Il n'y a qu'une Taïti au monde, disaient les marins. Peut-être les indigènes disaient-ils de leur côté : Il n'y a qu'un peuple français.

Cependant la frégate se couvrait de voiles, et la brise l'emportait rapidement. Les pirogues l'escortèrent jusqu'à la ligne de brisans qui ferme la rade. Là, il fallut se dire adieu, et, donnant un dernier regret à cette côte aimée, l'Artémise alla chercher, sous d'autres cieux, de nouvelles émotions et de nouvelles aventures.

LOUIS REYBAUD.

NOTES

1.Les pompes ayant été mal installées dans le premier abattage, il fallut y revenir quelques jours après d'une manière définitive.

2.D'après les usages en vigueur à Taïti de temps immémorial, un chef, quelque rang qu'il occupât, et le souverain lui-même, étaient obligés de se dessaisir de leurs dignités ou de leurs fonctions en faveur de leur premiers-nés.

3.Cette coutume barbare prenait sa source dans la nécessité imposée auxaréois, comme aux autres chefs, d'abdiquer leurs fonctions en faveur de leurs enfans.

4.Polynesian Researches.

5.Le travail des routes est une des peines les plus ordinaires du code pénal des missionnaires. Le nombre des toises de route à exécuter se trouve proportionné au délit, et les châtimens profitent ainsi à la viabilité de l'île.

www.ingramcontent.com/pod-product-compliance
Lightning Source LLC
Chambersburg PA
CBHW070937290526
45795CB00003B/1047